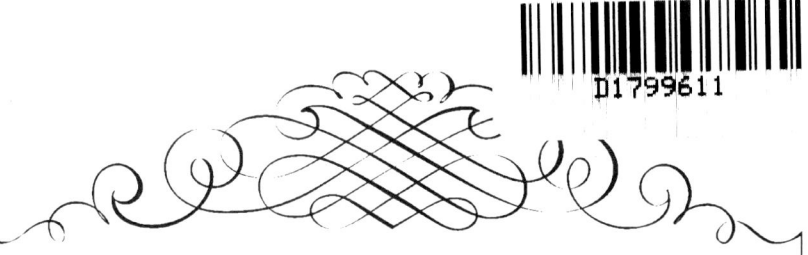

ISBN 978-1-332-93602-1
PIBN 10439364

1 MONTH OF
FREE
READING

at

www.ForgottenBooks.com

By purchasing this book you are eligible for one month membership to ForgottenBooks.com, giving you unlimited access to our entire collection of over 700,000 titles via our web site and mobile apps.

To claim your free month visit:

www.forgottenbooks.com/free439364

English
Français
Deutsche
Italiano
Español
Português

www.forgottenbooks.com

Mythology Photography **Fiction**
Fishing Christianity **Art** Cooking
Essays Buddhism Freemasonry
Medicine **Biology** Music **Ancient
Egypt** Evolution Carpentry Physics
Dance Geology **Mathematics** Fitness
Shakespeare **Folklore** Yoga Marketing
Confidence Immortality Biographies
Poetry **Psychology** Witchcraft
Electronics Chemistry History **Law**
Accounting **Philosophy** Anthropology
Alchemy Drama Quantum Mechanics
Atheism Sexual Health **Ancient History**
Entrepreneurship Languages Sport
Paleontology Needlework Islam
Metaphysics Investment Archaeology
Parenting Statistics Criminology
Motivational

STANLEY'S FIRST OPINIONS

PORTUGAL AND THE SLAVE TRADE

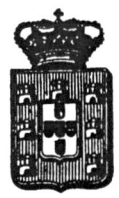

LISBON

PRINTING OFFICES OF CHRISTOVÃO RODRIGUES
104 — Rua do Norte — 1.º

230743

TOLLE ET LEGE

The following documents were originally published in 1878 in the Lisbon newspaper named *The financial and mercantile Gazette*, and were afterwards reprinted separately by the African committee of the Geographical Society.

That edition having run out, the committee of the Society resolved to have the present reprint of it made.

Far from being inopportune, these documents now offer a special interest, particularly when compared with some others of recent date which endeavour to illude the opinion of Europe on a subject which should be considered as finally liquidated, in face of the justice of history and European good sense.

Portugal is being greatly calumniated by those to whom it does not really suit, or those who wrongly suppose it does not suit them, that a regimen of order, justice and peace should be established on the Zaire, which only the sovereignty of Portugal has the right, and is in a position to organise in those parts of her african dominion.

We say with Stanley, in the letter which follows: *This is neither charitable nor wise.*

I

London, May 11 th. 1878.

To the Secretary
of the Lisbon Geographical Society.

Your Excellency,

I have the honour to enclose you a letter sent by Mr. H. M.
Stanley to the Secretary of the American Anti-Slavery Society.

Your Obedient Servant

(Signed)   H. M. STANLEY.

————

Copy of the letter sent to the Secretary of the American
Anti-Slavery Society.

30 Sackville Street-London

Piccadilly W.

May 11 th. 1878.

Dear Sir,

First returning you my sincere thanks for the gracious manner you have conveyed to me the sentiments of your society, I
beg to state that though slavery is not quite extinguished on the
West Coast of Africa it has been suppressed so far that nothing
but the embers of it remains. *The Portuguese Provinces are go-
verned by men whom I believe to be animated by as pure a hatred
of slavery as any British or American Philanthropist has shown.*
It would indeed be a venture some act for any slaver to

attempt by land or by sea to revive slavery in Portuguese dominions.

What may transpire among the Negro subjects of Portugal
in Angola reflects nothing on the Portuguese themselves any more
than the domestic slavery at Cape Coast Castle or Accra in the
British Dominion of Northern Cape Colony reflects on the English. How far the Coolie trade which you refer to may be a slave
trade under a new name I cannot say, but I do not think the Go-
vernor-General Albuquerque was aware of it as being any thing
approaching to the odious traffic which is as degrading and de-
testable as it is damnable.

It is an easy matter to create a sensation upon this topic,
and I find that the humanity of the Newspaper World is rather
prone to seek means to stimulate anything that may raise a cry
against the old slave state.

But this is neither charitable nor wise.

From what I have observed, I know that the Portugnese Go-
vernment Officials with that love for red tapeism for which they
are celebrated have created a most effectual safeguard against
slavery in their Dominions by this procrastinating official Ma-
chine.

Even the legitimate hire of a few blacks attracts the Argus
eyes of a score of officials until the Coffee or Sugar planter groans
in distress.

I was present at a party near Loanda where the hire of free
blacks was discussed which elicited such a fierce denunciation of
Portuguese Officials in general that was awful to hear. Though
the words were only in accordance with their usual fury style I
took the spirit which prompted them as answering those accusations which are causelessly directed at the Portuguese Govern-
ment,

I have argued with the Governor General on several occa-
sions and was delighted to observe that Portugal had awakened
up. He is a bitter enemy of slavery. At the same time, there is a
good deal of truth in what Cameron said. There is not the sligh-

lest doubt that Portuguese subjects like smugglers — on the frontiers — continue the trade of slavery when they can escape notice; but the broad distinction in fairness between Portuguese African, and European Portuguese ought to be drawn. It is the Portuguese African — the native of Bihé, and some ignorant Soha (chief) who are involved in this trade and not the Portuguese European. The «human freight» which you refer to as being bound for Saint Thomas and Prince Islands, consisted of a number of coolies from some part South of Loanda to another part of the Portuguese dominions. Whether just or unjust, I know nothing of the matter, not having paid much attention to it. I heard a number of wild assertions made by some Babwende Natives, but I found they were founded on old traditions of the slaving days of Congo.

The sale of mankind is still going on from one tribe to another, but such persons sold, are of those where the death penalty has been commuted to slavery. For instance, a man who steals a fowl or a goat — is liable to be slain unless he can be sold.

Professors of witchcraft are so detested that few of them escape the fearful doom which awaits the unhappy accused. Several times have Europeans stepped forward from awakened sympathy to save the unfortunate victims to superstition from Death. Provided that the Europeans restore them to their liberty, we ought to exonerate them from the charge of maintaining the slave trade.

These liberal minded Europeans are, however, so few in number that not a twentieth part of the victims who might be saved are redeemed from death.

I have the honor to be,

Dear sir,

Your obedient servant,

(Signed)   H. M. STANLEY.

II

Lisbon Geographical Society, 22 May 1878.

To Henry M. Stanley, Esq.

Dear Sir,

At the request of the Directors of the Lisbon Geographical Society, and the African Committee of the same Society, to whom I transmitted the copy of the letter addressed by you to the American Anti-Slavery Society, which you kindly favored me with, I beg to return you their most grateful thanks for your kindness, and to assure you of the high esteem and consideration our Society entertains for you.

We much regret that you did not receive in due course our letter of congratulation on the triumphant result of your heroic exploration across the great negro continent. Believe, however, that the people to whom belongs the glory of having inaugurated in the fifteenth century, the noble and arduous task in which you have now obtained such well earned and elevated renown, comprehends the magnitude of your labours, and sincerely hails your triumph.

And that people, *so unjustly and systematically calumniated* by foreign writers and travellers, beholds with profound satisfaction that you endeavour with a dispassionate and noble frankness, to reestablish the truth of facts relating to the part Portugal has taken, and still takes, in contributing to the extinction of the infamous slave-trade.

You do well to maintain your love of truth and justice on a par with your courage, as the want of that love irremediably tarnishes the greatest glories.

We began to abolish the infamous traffic. when England, the noble nation which has done so much to extinguish it, still defended it by the voice of her parliaments and statesmen. The proof of this priority is of singular simplicity.

It suffices to look over our legislation, and our colonial history. Let those read them who, while accusing us or speaking of us, do not always take the trouble to try and know us.

Not merely years, but centuries before Dr. Peckard, one of the first English abolitionists, proposed for a prize in the University of Cambridge (1785) the thesis which caused such a great sensation,

‹Anne liceat invitos in servitutem dare?›
‹Is it licit to enslave others against their will?›

and before Clarkson, the great apostle of abolition, displayed prodigious science in a negative answer, we had not many doubts on that point, as by the Royal letters patent of 20 th. March 1570, of 11 th. November 1595; 26 th. July 1596; 5 th. June 1605; 30 th. July 1609 and 10 th. September 1611, the condemnation of slavery and of the slave trade — ‹in the name of natural right› — of the American Indians, was positively proclaimed, and established with severe penalties

We found the odious traffic in Africa when we landed for the first time on the great negro continent.

We did not establish it, and, what is singular, we never legitimized it as a principle, either in legislation or in social philosophy.

The same did not occur in some other countries.

On the contrary, we ever tried to mitigate the slave trade as much as possible, obliging it to be more in accordance with ‹the precepts of reason and justice› (Royal letters patent of 18 th. March 1684).

We commenced at an early date to put down the slave trade.

By the law of 19 th. September 1751 and decree of 2 nd. January 1767, we closed the Portuguese market in Europe against slavery, by declaring all negroes and mulattoes who should land on our European shores to be free.

We applied the same principle to our islands of Madeira and the Azores, by the laws of 26 th. February 1771, and 16 th. January 1773, that is, we commenced 20 years before Pensylvania and Denmark did, and 30 years even before England, the gradual abolition of slavery in our possessions.

At the present time, there do not exist *in any territory subject to the effective action of Portuguese laws*, either slaves or slave trade.

Liberi sumus, is an old Portuguese dogma. In our territory all are citizens, without distinction of colour, race, or creed.

This is the law.

But the practice?

The practice is simple. The law is fulfilled wherever it is possible so to do, and in the best manner it is possible to fulfil it.

Should Hans Stadens find in the festivals of Brazilian anthropophagy a few Normans, could he attribute to the French name a participation in that infamy?

Do the awful cruelties attributed to some Englishmen in the southern seas reflect dishonorably on the glory of England?

With respect to the transport and hiring of labourers for our agricultural colony of St Thomas, (*S. Thomé*) nothing is more unjust, and nothing is easier to explain than the accusations and war which have been made against those facts, particularly by the English authorities of Northern Cape Colony.

It is merely a question of concurrence, like that which explains the accusations which are made against our dominion on the eastern coast of Africa.

Nature, our history, and our labours of centuries, have created for us a special position in Africa, which naturally excites much envy, and thwarts many ambitions.

We suffer the consequences of this fact.

I have now, Dear Sir, to offer you with my personal thanks, the assurance of my feelings of highest regard and esteem.

The 1 st. General Secretary.

LUCIANO CORDEIRO.

SOCIÉTÉ DE GÉOGRAPHIE DE LISBONNE

LA QUESTION DU ZAIRE

SUUM CUIQUE

LETTRE A M. BEHAGHEL

Redacteur du journal international «Le Nord»

PAR

M. LUCIANO CORDEIRO

Député portugais,
membre du Conseil Général du commerce, secrétaire du Comité Central
de Geographie, de la commission des missions portugaises
et de la Société de Géographie de Lisbonne
commandeur de la Légion d'Honneur
etc., etc.

LISBONNE

IMPRIMERIE DE CHRISTOVÃO AUGUSTO RODRIGUES

104 — Rue du Norte — 104

1883

Lisbonne, le 1 novembre 1883.

Monsieur, et cher collègue.

Je m'empresse, à titre officieux, de satisfaire à vos désirs en vous envoyant mes travaux : — *La question du Zaire : Droits du Por tugal ;* — *Droits de patronage du Portugal en Afrique ;* — *L'hydro-graphie africaine.*

Vous y trouverez de nouvelles preuves de notre droit et de notre justice dans cette malheureuse question du Zaire, question si déloyalement dénaturée et confondue non-seulement par l'igno-rance de beaucoup de personnes, mais encore par les intérêts il-légitimes et par l'intrigue égoïste de ceux qui éprouvent naturel-lement de la répugnance à voir s'établir un régime de civilisation et de police, là où ils ont fait jusqu'à ce jour, en trompant les gouvernements et les peuples, le théatre de leur arbitre tyrannique et de leurs extorsions trop souvent sanguinaires.

Telle est, ainsi que vous le savez certainement, une des ori-gines de la fameuse question et des causes qui l'ont empêchée d'obtenir une solution pratique, solution que le droit stipule clai-rement, que les intérêts du commerce et de l'humanité exigent, que nos lois et notre bonne volonté manifeste, proclament comme l'unique, la seule honorable, nécessaire et utile pour tous, c'est-à-dire l'occupation permanente, par nous, des territoires qui, depuis leur découverte, appartiennent exclusivement à notre souveraineté politique.

Il n'est déjà plus facile aujourd'hui d'expliquer le retard apporté à la solution de cette affaire, que par cet amas de calomnies et de mystifications au moyen desquelles on s'est plu à tromper contre nous la bonne foi de quelques gouvernements et la générosité de quelques esprits peu prévoyants.

La question de notre droit se trouve résolue et liquidée depuis longtemps à la face des principes les plus rudimentaires de la jurisprudence internationale, de l'honneur des États et des leçons irréfutables et positives de l'histoire. ·

La question de la liberté du commerce de tous les États amis, dans ces régions, ne peut plus être alléguée, sous peine de faire preuve de la plus ridicule ignorance, non-seulement de nos désirs et de nos intérêts, mais encore de notre régime économique et colonial dont aucune autre nation européenne ne peut disputer la supériorité dans l'esprit et dans la pratique libérale.

Non seulement nous ne voulons pas interdire dans le Zaïre le commerce licite de tout le monde, mais au contraire c'est nous qui, pouvant abandonner ce commerce à la cupidité ou à la sauvagerie des indigènes ou bien susciter contre lui des difficultés et des antagonismes terribles, l'avons protégé d'une façon constante et loyale, au prix de sacrifices considérables.

Il serait imprudent de faire renaître contre nous la question du trafic des noirs, et quoique Mr. Stanley, oubliant ses aveux sincères et véritables de 1878, semble avoir récemment commis cette imprudence, il n'est pas besoin que nous nous empressions de la corriger, convaincus que, du moins sur ce point-là, l'erreur insidieuse ne saurait prévaloir que sur des esprits par trop simples et in génus.

Nous avons initié, *avant tout autre peuple*, et sans les accommodements et les hésitations de plusieurs d'entre eux, la guerre contre le trafic des nègres.

C'est là une question incontestable et corroborée par des documents à l'appui.

L'esclavage et la traite sont abolis depuis longtemps dans nos colonies, non point sous le masque à l'abri duquel ils continuent à exister dans les autres, mais bien, d'une manière franche, sans réserves, ni compensations.

Voulez-vous savoir où la traite existe et où elle se fait?

C'est là justement où, pour mieux lui permettre de se faire, on ne veut pas voir s'établir d'une façon permanente, nos lois, notre droit et notre autorité.

Eh! quoi! nous abolissons la traite *sans même reconnaître généralement à la propriété illégitime le droit d'indemnité*, de même qu'ont agi d'autres réformateurs philantropiques; —nous ne consentons point que le trafic des nègres se fasse; — nous considérons nos colonies d'après notre loi constitutionnelle, comme partie intégrante de la nation, en leur accordant les mêmes libertés et les mêmes droits, qu'à la métropole; — nous ne permettons pas que le blanc dispose arbitrairement du travail et de la vie du nègre, qu'il le tyrannise et le dépouille, —nous suivons partout cette règle de conduite, comme le savent et le reconnaissent tous ceux qui nous ont visités—le Stanley de 1878, en première ligne, —et l'on veut que nous n'établissions point ce régime au Zaïre, —et l'on préférera que dans ces régions il n'y ait d'autre loi que le libre arbitre de l'aventurier ou du sauvage, —d'autre autorité que celle de la force ou de l'extorsion, —d'autre régime que celui de l'oppression du commerce licite ou de l'indigène ignorant!?

Et l'on préconisera la civilisation à coups de feu ou par les fers; la justice qui fusille et assomme les indigènes, qui les roule dans de vieux tonneaux, et les plonge par dizaines dans le grand fleuve, les pieds attachés à d'énormes pierres?

Veut-on par hasard la justice qui excite le sauvage à incendier et à voler les factoreries, à assassiner traîtreusement les blancs?

Eh! quoi! on veut que la traite soit proscripte dans le Zaïre, et l'on en chasse justement ceux qui ne consentent pas que la traite se fasse?

On désire que le trafic du nègre ne renaisse point, et l'on ne permet pas que ceux qui ont l'obligation, la force et le droit de l'empêcher et de le poursuivre, comme ils l'ont fait dans le reste de leurs colonies, occupent avec leurs lois et leur autorité, la région où ce trafic se produit sans empêchement ni entraves, *faute de cette occupation légitime et souveraine* ?

Comment veut-on garantir la liberté du commerce légal dans le Zaire si on conteste exactement l'occupation du territoire non-seulement au seul État qui a le droit de l'exercer, mais encore à la seule nation qui a tout intérêt et toute nécessité de maintenir et de garantir, *comme elle a maintenu et défendu*, cette liberté ?

Serait-ce par l'argument excentrique de l'assimilitation du Zaire au Danube, préconisé comme la chose la plus naturelle de ce pauvre monde par quelques illustres avocats et philantropes aux congrès de la paix universelle et du droit de l'avenir ?

Conviendrait-il à la France que nous livrassions le Zaire à la domination anglaise ?

L'Angleterre nous verrait-elle de bon œil négocier avec la France la cession de nos droits ?

Ces deux nations, ou n'importe quelle autre, risqueraient-elles une guerre avec le pays, au quel le Portugal, fatigué d'attendre en vain la reconnaissance de ses droits, livrerait le Zaire en échange de quelque compensation correspondante ?

Résulterait-il quelque bénéfice pour le commerce et la civilisation, si dans un moment de légitime indignation contre l'injustice commise envers nos droits et notre conduite irréprochable, nous avions recours à notre prestige et à notre puissance dans ces régions, pour obtenir une réparation honorable et provoquer la solution que nous avons patiemment attendue jusqu'à ce jour de la loyauté et de la rectitude d'autrui ?

Ces considérations méritent bien qu'on y pense un peu.

Mais nous ne négocierons point nos droits; nous ne nous précipiterons certainement pas dans des résolutions extrêmes qui ne sauraient qu'être funestes à la civilisation et à l'exploration du continent noir, dont nous avons été les initiateurs et que nous ne cesserons jamais d'encourager, et de protéger.

On va même jusqu'à nous refuser cette gloire !...

Si au lieu de la présente lettre, dont la longueur m'oblige déjà a solliciter toute votre bienveillance, je m'étais proposé de vous faire le récit intéressant de la campagne depuis longtemps entreprise contre la situatiou exceptionnelle que nous avons conquise dans la géographie moderne — conquête toute entière au profit de la civilisation européenne — je vous raconterais alors beaucoup d'épisodes réellement curieux,

Hœc decies repetita plecebit.

Il n'y a pas bien longtemps encore que mon docte collègue mr. Wauters, de Bruxelles, croyait sincérement (j'en suis persuadé) invalider la doctrine portugaise du XVIe siècle, touchant l'hydrographie centrale africaine, et annuler l'importance des renseignements légués par nos ancètres sur l'intériéur du grand continent.

Il produisait à cet effet une carte de l'édition de Ptolémée, de 1522 qu'il attribuait à Martin Waltzmuller (*Hylacomilus*).

C'etait une petite carte d'Afrique où il se figurait voir la doctrine portugaise du XVIe siècle, esquissée et inventée par le pauvre libraire des Vorges qui a *inventé* aussi la découverte de l'Amérique par Vespuce.

M. Wauters fait remarquer triomphalement qu'on y retrouve bien les trois grands fleuves et le grand lac central qu'il s'imaginait ètre tout simplement la théorie portugaise, et il disait alors qu'au fond il n'y avait qu'une fiction romanesque «qui doit ètre enlevée au Portugais Jean de Barros pour être restituée à l'Allemand (*sic*) Martin Hvlacomilus.

En même temps que nous explorions l'Afrique, nous aurions demandé au savant des Vosges le secret du grand continent !

C'est bien probable, n'est-ce pas ?

Il n'v avait qu'une différence à peine: — c'est que Hylacomilus *inventait*, dans ses fictions, exactement le contraire de ce que disaient les Portugais, de ce que exposait Barros.

A la rigueur il n'inventait mème pas : il est plus juste de dire qu'il n'avait pas compris.

Les trois grands fleuves, au lieu de prendre leur source dans une autre région lacustre centrale, comme le croyaient nos ancêtres, faisaient précisément le contraire dans la fiction de Hylacomilus: c'étaient... trois rivières que se jetaient dans ce lac.

D'ailleurs mon illustre collègue ne s'est pas aperçu d'autres circonstances passablement importantes.

Il n'a pas remarqué que les désignations inscriptes, le long des côtes africaines *étaient portugaises;* — que le *pavillon portugais* flottait *isolément* sur ces mers, comme pour indiquer du moins à tous, la provenance initiale de la carte, — enfin que celle-ci appartenait à une édition de Ptolémée, de 1513, dont elle était une simples reduction et qu'il y était indiqué d'où provenaient les cartes africaines par cette désignation sincère et loyale : — « PARTICULARES TABULÆ EXCHARTIS PORTUGALENSUM SUMPTÆ.

Traduction de M. Wanters, lui-même — « CARTES PARTICULIÈRES DRESSÉES D'APRÈS LES DOCUMENTS PORTUGAIS.

Ce bon Hylacomilus!

Il n'a fait que reproduire, en dénaturant un peu, l'original envoyé de Lisbonne au duc de Lorraine, attendu qu'il ne connaissait pas la langue portugaise et il est même permis de douter qu'il sût beaucoup de la géographie africaine.

Mon illustre collègue n'a-t-il pas dépeint aussi *Balthasar Rebello d'Aragao* comme un aragonais, uniquement dans le but, de nous disputer le modeste renom du vieux capitaine de Muxima ?

Que tous les patriotiques *Aragoes* de mon pays lui pardonnent!

N'établit-il pas positivement que nous n'avons point pénétré dans l'intérieur de l'Afrique au XVIᵉ siècle!...

Point n'est besoin, pour le prouver de recourir à nos archives, qui au fur et à mesure de leur publication, détruiront d'une manière irréfutable ces assertions; il suffit d'invoquer des ouvrages portugais et étrangers que tout le monde peut facilement consulter.

Lord Mayo (celui d'aujourd'hui, *bien entendu*) n'ose-t-il pas déclarer très-récemment que nous n'avons point d'intérêts commerciaux au Zaire ?

Et cependant, à l'époque où il y a séjourné, il a dû voir que la plupart des factoreries étaient portugaises, que dans celles étrangères presque tout le personnel était portugais, et qu'enfin la langue employée dans le commerce et dans les rapports avec les indigènes était encore le portugais.

Tout cela est

Triste, triste, triste!

Comme disait le grand poète anglais.

Car enfin il faut avouer que si beaucoup de ces assertions prêtent tout simplement à la risée, il est tout de même navrant de voir cette mauvaise volonté, ce parti pris, cette sorte de conspiration extraordinaire contre la justice et contre les services d'un peuple qui a tant fait pour la civilisation du monde

Les autres nations ne manquent pas de traditions glorieuses: pourquoi nous dépouillera-t-on des nôtres?

C'est plus que de l'ingratitude.

Ce serait une maladresse manifeste.

Vous comptiez peut-être que je vous parlerais de Brazza, de Stanley et du grand œuvre au quel préside le roi des Belges.

Ce sera pour une autre fois, si vous me le permettez.

Je vous dirai àpeine aujour'd'hui que je regrette profondément que les illustres initiateurs et exécuteurs de cet œuvre que j'admire n'aient pas encore compris tout l'intérêt qu'ils auraient à se ménager et à se concilier la bonne volonté du Portugal, au lieu de l'irriter et de la froisser.

Ils reconnaitront assurément un jour ou l'autre leur tactique erronée, mais Dieu veuille, qu'alors ce ne soit pas trop tard!

Veuillez agréer, monsieur, l'assurance de ma considération la plus distinguée.

LUCIANO CORDEIRO

CPSIA information can be obtained
at www.ICGtesting.com
Printed in the USA
LVOW10s1044221116

514060LV00001B/82/P